Uwe Detemple

Blaue Stunden

Lyrische Momente

Uwe Detemple ist Publizist, Blogger und Poet. Veröffentlichung eigener Texte – Betrachtungen, Reportagen, Berichte – und Übersetzungen aus mehreren Sprachen in Periodika und Anthologien sowie in genealogischen Zeitschriften. Seine Arbeit über die »Vorfahren der Literaturnobelpreisträgerin Herta Müller in Rumänien und Ungarn« fand grenzüberschreitende Beachtung. Erste Buchveröffentlichung 2008 über das Ende der Ceaușescu-Diktatur und Rumäniens demokratischen Neubeginn: »Mein Rumänien. Revolution & Poesie«. 2012 erschien »Banater in Südostrumänien 1951-1956«, eine Dokumentation, die sich der Bărăgan-Deportation aus genealogischer Sicht annimmt. Schließlich erweist sich Uwe Detemple mit vorliegendem Gedichtband auch als einfühlsamer Lyriker. Der Autor, geboren im rumänisch-serbisch-ungarischen Dreiländereck des Banats – einem alt-österreichischen Siedlungsgebiet – und aufgewachsen in einer Familie mit französischen Wurzeln, lebt und arbeitet im Landkreis München.

—*ldv*

Uwe Detemple

Blaue Stunden
Lyrische Momente

FSC
www.fsc.org
MIX
Papier aus ver-
antwortungsvollen
Quellen
Paper from
responsible sources
FSC® C105338

Bibliografische Information der Deutschen National-
bibliothek: Die Deutsche Nationalbibliothek verzeichnet
diese Publikation in der Deutschen Nationalbibliografie;
detaillierte bibliografische Daten sind im Internet über
http://dnb.dnb.de abrufbar.

© 2015 Uwe Detemple

Umschlaggestaltung: Dr. Hertha Schwarz, München
Titelfoto *Blue hour in Havana*: Martin Schmidt Fotografie,
www.schmaidt.de
Autorenfoto: Jürgen Sauer, www.fotograf-sauer.de;
Bearbeitung: ArtYourFace

Alle Rechte vorbehalten

Herstellung und Verlag: Books on Demand GmbH,
Norderstedt
Printed in Germany

ISBN 978-3-7347-5236-0

Inhalt

Begegnungen zwischen Wirklichkeit und Möglichkeit	7
L'heure bleue	10
Schneeglöckchen, nun sprieße!	11
Wüstensturm	12
Daher die Tränen	13
Du bist die eine	14
Sommernacht	15
Havanna	16
Jenseits der Träume	18
Léocadie	19
Was war	20
Der Weg	21
Mit ihren Worten	22
Ninfas Tätowierung	25
Sehnsucht nach Sackelhausen	28
Rückspiegel	31

Begegnungen zwischen Wirklichkeit und Möglichkeit

Mit *Blaue Stunden* tritt Uwe Detemple den Beweis an, dass auch in moderner Form ein erhebender Kern stecken kann. Das Unmögliche, das Absurde wird Wirklichkeit und glänzt in wunderbaren sprachlichen Bildern. Vergänglichkeit und Hoffnung verdichten sich, alles Trennende ist aufgehoben. Die blaue Stunde ist eine Zeit des Umbruchs, des Übergangs. Es ist die Zeit der Dämmerung zwischen Sonnenuntergang und nächtlicher Dunkelheit. Augenblicke, die jedoch in ihrem Vollzug bereits Erinnerung sind. Die blaue Stunde ist aber auch die Zeit kurz vor Sonnenaufgang, in der ein zaghafter Optimismus gerechtfertigt scheint. Doch diese Minuten können nicht beliebig verlängert werden und am Ende bleibt nur die Erkenntnis: Eine Vergangenheit zu haben ist für das Überleben Grund genug. Die Stunden wandern, Träume vergehen, und auf die letzte Frage, ob es noch einen Weg zurück gibt, keine Antwort mehr, nur Schweigen...

Uwe Detemple ist ein entwurzelter, aber integrierter Poet, ein Reisender auf der Suche nach Landschaften der Seele. Beeinflusst durch die magische Tristesse des poetischen Werks George Bacovias (1881-1957) charakterisieren Detemples neueste Gedichte zunehmend eine gewisse Fatalität, die von Anfang an als solche akzeptiert wird, aber dennoch dünne Strahlen von Optimismus zulässt. Diese lyrischen Spaziergänge durch die Zeit werden zu Begegnungen zwischen Wirklichkeit und Möglichkeit.

Die große Münchner Buchhandlung Hugendubel erkor *Daher die Tränen* zum *Gedicht des Tages* (14. Juli 2008). Die neueren Gedichte fanden ihre Würdigung durch Aufnahme in Anthologien wie *Frankfurter Bibliothek* und *Lyrischer Lorbeer*.

Léocadie De Vaux

L'heure bleue

Noch liegen der Nacht dunkle Schatten
auf den Gesichtern, endlose Stille…
Doch langsam schläft der Tag sich wach.
In diesem Umbruch lebt der Wille
zum Sonnenaufgang: die blaue Stunde.
Erhebende Minuten für die Ewigkeit.

Schneeglöckchen, nun sprieße!

Während Generäle dem Siege nah sich wähnen,
werden Iraks Kinder in Leichentücher gelegt.
Des Schmerzes und der Trauer Tränen
fließen ungehemmt, die Liebe weggefegt.
– Es ist Krieg, Chantal.

Die Stadt schläft unter einem weißen Kleid.
Lächelnd betrittst du des Lebens Bühne,
schwebst freudig ein, zu wagen bereit,
auf einer tanzenden Schneeflocke, du Kühne.
– Es ist Winter, Chantal.

Im Kriege geboren, doch der Zukunft geweiht,
freue ich mich auf dich, auf Frieden,
wünsche dir Liebe, Kraft und Freiheit;
bessere Zeiten wollen wir schmieden.
– Willkommen, Chantal!

Wüstensturm

Nach 42 Bombennächten die Waffen schweigen
Die Toten tanzen einen Friedensreigen
Kämpften sie für einen verlorenen Krieg
Oder starben sie für einen kommenden Sieg?

Der Überlebenden Siege im Wüstensand zerrinnen
Sie konnten nur die Farbe des Blutes gewinnen
Für einen kurzen Tag ward endlich Frieden
Und was kommt danach? Auf zu neuen Kriegen!

Daher die Tränen

Es hatte die Wahl.

Sich auf den zweiten Weg,
der ihm offenstand,
aufmachend,

den Übergang Zeugung – Tod
ohne den Umweg durch das Leben
wählend,

hat es sich viele Leiden erspart.

Es hat sich entschieden.

So, wie eine hingeworfene Bohne
sich entscheidet zu keimen
oder es lieber sein zu lassen.

Daher die Tränen.

Du bist die eine

Heute betrete ich die Stadt meiner Geburt.
Noch liegen der Nacht dunkle Schatten
auf bewegten Gesichtern. Lärmende Stille...

Doch langsam schläft der Tag sich wach.
In diesem Umbruch lebt ein unbändiger Wille
zum Sonnenaufgang: Freiheit – *Libertate!*

Unaufhaltsam bahnt sich ihren Weg die neue Zeit.
Wie oft habe ich von dir geträumt, Geliebte!
Heute betrete ich die Stadt meiner Sehnsucht.

Sommernacht

Unsere Liebe
ist, da ohne Anfang,
einer Begrenzung nicht fähig,
nicht in der Zeit
und nicht im Raum.
Seit jeher ist sie und war,
Untergänge und Auferstehungen
überdauernd, auch
das Ende dieser Welt.

Unser Leben
ist eine Sommernacht.
Und der Himmel
ist voller Sterne,
doch wir beachten sie nicht.
Der Kreis unserer Liebe
schließt sich im August.
Doch Worte zerfließen
in Unzulänglichkeit...

Havanna

Warme, weiche Sonnenstrahlen
Die dein Gesicht umspielen
Das ist Havanna, der Tag
Und deine Hand in meiner
Vorsichtig, noch zögerlich
Das ist Havanna, die Hoffnung
Und der erste kleine Kuss
Dir gestohlen in der *Floridita*
Das ist Havanna, das Glück

Son und Salsa am *Malecón*
Wo wir stundenlang flanieren
Das ist Havanna, der Abend
Und dein Blick, der ausstrahlt
Die tiefe Sanftheit der Karibik
Das ist Havanna, deine Augen
Und jener Tag dann endlich
An dem du nicht mehr Nein sagst
Das ist Havanna, wir zwei

Dann das Ende dieser Reise
Stunden sind wie Augenblicke
Das ist Havanna, die Nacht
Und ein Lied, ein bisschen traurig
Gelauscht in der *Lluvia de Oro*
Das ist Havanna, der Abschied
Und der letzte Tag, die letzte Stunde
Tränen der Sehnsucht schon
Das ist Havanna, das Versprechen

Jenseits der Träume

Wenn das Meer mit leisen Wellen
Sich aus unseren Träumen stiehlt
Und nicht mehr in den Augen glänzt
Wenn das warme Licht des Südens
Schon in unseren Händen schmilzt
Und Herbstreif auf uns niederfällt
Dann lass noch einmal die Malven
Durch dein sanftes Lächeln erblühn

Auch wenn es jetzt Herbst ist
Und es in unsere Träume regnet
Halte deine Arme für mich offen
Und gib mir eine Sekunde lang
Die Farben des Sommers zurück
Komm und tanze allein für mich
Zu den Tränen in unseren Blicken
Dann lass die Sonne untergehn

Léocadie

Der Klang deiner Stimme erhellt den Tag
Während in deinem Haar der Sommer spielt.
Im Licht deines bezaubernden Lächelns
Verblasst die Sonne und ihre Strahlen.

Mit nur einem Blick an jedem Morgen
Erfindest du mich täglich wieder neu
Und ich bedaure jede Sekunde
Die ich ohne dich bislang verschwendet.

Ja, ich bin deinem Zauber erlegen…
Selbst die offene Wunde, die mich schmerzt,
Liebe ich, da von deiner Hand getan.
Die Narbe wird mir eine Zierde sein.

Was war

Heute endlich lege ich Feuer
Am verfallenden Tempel der Zeit
All die zerstobnen Illusionen
Sind bloß Narben der Erinnerung

Welke Träume gehn in Flammen auf
Visionen, Ängste – bedeutungslos
Wir lachen fröhlich zu den Sternen
Denn wir kennen ihre Endlichkeit

Eine Vergangenheit zu haben
Ist fürs Überleben Grund genug
Es zählt immer nur was ist, was war
Nietzsches Schatten liegt über dem Tag

Der Weg

Steine auf dem Weg, kalt und hart
Kein einziger wird Treppe mir
In der Dunkelheit schwarzem Land
An den Klippen nah tost das Meer

Der Weg ist steil und jeder Schritt
Schickt Ängste mir den Rücken hoch
Das Ufer liegt in fahlem Licht
Und müde beginnt es zu schnein

Ich verfange mich im Geäst
Dornen fesseln meine Seele
Und bleiern bedeckt mich der Schnee
Gibt es noch einen Weg zurück?

Mit ihren Worten

Sie ist einmalig, weil sie uns das Leben gab. Das Leben wird uns ein einziges Mal gegeben, es ist das einzige Gut, welches ohnegleichen ist auf der Erde und auch im Universum. Die anderen aus unserem Umkreis können uns ihre Liebe schenken, ihre leuchtenden und wahren Gedanken, sie können uns die Sonne und den Mond vom Himmel holen und uns zu Füßen legen. Aber nur die Mutter hat uns das Dasein ermöglicht, sie hat uns das Sein geschenkt.

Wir sind ein Teil von ihr und sie ist ein Teil von uns. Solange sie ist – und nachdem sie nicht mehr ist. Kann das Licht den Strahl vergessen, aus dem es geboren wurde? Kann der aus dem Meer geschöpfte salzige Tropfen das Meer vergessen? Die Freuden, die Schmerzen und die Hoffnungen haben für uns verschiedene und unbeständige Richtungen. Für die Mutter haben sie nur eine Richtung: auf uns zu. Sie freut sich für uns, hofft für uns, und es füllt sich ihr Atem vom Schwall des Fluges unserer Erhebungen.

Aus ihrem Leben hat sich das unsere entfacht. Im Schutze ihrer Sorgen wuchs unsere Ruhe. Ihr Arm war uns Bedeckung und Beschützer bei Gefahren. Ihre Lieder haben uns den Schlaf sanft und tief gemacht. Mit ihren Worten haben wir begonnen den Dingen und Lebewesen Namen zu geben, die Welt neu erbauend. Sie hat sich gefreut, als wir die ersten Schritte machten, und auch sie ist traurig geworden, als wir uns das Knie oder die Stirn verletzten, auf der Treppe des Lebens, auf der wir zu steigen begonnen haben, am Anfang des Anfangs.

Gibt es einen Menschen auf Erden, der mehr gibt und weniger bekommt als eine Mutter? Sie hat unsere Wunden geküsst und sie sind geheilt. Wer außer der Mutter kann eine Wunde zum Heilen küssen? Sie hat geweint, damit wir nicht weinen mussten. Sie trug geduldig, was wir nicht tragen konnten. Für all dieses und für soviel mehr belohnen wir sie mit einem einzigen Wort: Mutter! Wer anders auf dieser Welt gibt alles für ein einziges Wort?

Unsere Wege in die Welt können lang und verschlungen sein, sanft und einladend, mit plötzlichen Auf- und Abstiegen, mit entfernten Hoffnungsstreifen oder mit dunklen Schatten, mit starken und unerwarteten Erhellungen, mit schnellen und gefährlichen Wirbeln, oder mit klaren Zielen, die sich rufend vor unseren Schritten ausbreiten. Wer weiß?! Ein Weg ist immer ein Wagnis. Weil er ein einzigartiger Weg ist: der Weg des Lebens. Wir ahnen – mit Wahrscheinlichkeit – seine Richtung, dennoch, sein Ende kennen wir nicht. Aber dieser Weg hat immer einen Anfang und dieser Anfang ist in den Armen der Mutter. Wo immer wir auch sein werden, fern oder nah, in guten und vor allem in schlechten Zeiten, das Auge unseres Denkens wird mit Liebe und Melancholie an diesen Anfang zurückkehren, immer verflochten in einem Strahlennetz, weil wir aus den Armen der Mutter zum ersten Mal das Licht der Sonne erblickten.

Ich weiß, im Wunderwald der Welt bleiben wir allen schuldig, mit einem Gedanken, mit einem Erbeben der Seele, mit einem ängstlichen Blick, voll Liebe und Freude: der Ähre, weil sie uns ernährt hat, dem Wind, weil er uns ins Ohr sang aus dem Unsichtbaren, dem Baum, weil er uns Schatten spendete, dem Freund, weil er uns begleitete. Der Mutter aber bleiben wir schuldig für alles!

Wie können wir diesem Wesen danken, das keinen Dank erwartet? Wie sollen wir ihm das Opfer und die Liebe zurückgeben, wo das Opfer und die Liebe die einzigen Dinge sind, die man nicht zurückgeben kann? Gestatte mir, dir die durch viel Arbeit ermüdete Hand zu küssen, und die Stirn, die gezeichnet ist von der unfassbaren Liebe für mich, meine Mutter – und Mutter aller Töchter und Söhne der Welt! Mein Kuss zeigt, wie arm ich bin angesichts des Reichtums deiner Opfer. Nur du kannst auf dieser Welt ein Leben schenken für einen einzigen Kuss der Anerkennung.

Ninfas Tätowierung

Worte haben nur Sinn, wenn sie von schönen Augen aufgelesen werden. Diese Augen gibt es. Es sind die zauberhaften Augen eines Mädchens aus Venezuela. Unterwegs zu einem Kongress für Hotel- und Touristik-Marketing kreuzten sich unsere Wege am Frankfurter Flughafen, dem einzigen Ort der Welt, wo ich sie an jenem Dienstagabend hätte treffen können. Aus Korea kommend – mit Ziel Caracas, Venezuela – suchte sie den Shuttle-Bus zum Hotel, um dort die Nacht bis zum Weiterflug zu überbrücken. Kaum zu glauben, aber solche Fügungen gibt es wirklich: Sie logierte im gleichen Hotel wie ich!

Nein, sie spricht kein Englisch, sie mag es nicht. Nun ja, diese Sprache lernt man, weil man es muss, Spanisch hingegen weil man es liebt. Ja, ich liebe diese ihre Sprache, die bei ihr wie ein Lied klingt, und ihretwegen liebe ich auch sie. Und ihrer schönen Augen wegen. Und ihrer Tätowierung auf der Brust wegen, in deren Geheimnis sie mich später einweihte.

Dann, im Pub des Hotels gab es nur noch Ninfa und mich. Ich vertiefte mich mit Leidenschaft in die spanische Sprache, verlor mich darin, aber sie fing mich immer wieder auf, wenn ich aus der Bahn geriet. Ich gehorchte ihr aufs Wort, wenn sie mir dann korrigierend befahl: *¡Dígalo!* – Sag es! Und ich akzeptiere zweifellos: Sie ist meine authentische Spanischlehrerin. Ja, Ninfa, lehre mich! Spanisch – und alles, was du willst...

Als unsere Hände, unsere Knie sich wie zufällig berührten, war dazu kein Wort nötig. Nichts, was ausgesprochen werden musste. Nur der Zufall und das Glück, jetzt und hier zusammen zu sein. Und trotz des fehlenden antiken Gestades (ich erinnere daran, dass ihr Name Ninfa, die Nymphe, ist) entwickelte sich etwas, das ich nur feierlich als »Vereinigung« bezeichnen kann. Ich gab mich meiner Wonne hin. Nichts, was ich je fühlte, war diesem Augenblick gleich.

So lies nun, Ninfa, mit deinen schönen venezolanischen Augen, diese Worte und auch dieses kleine Gedicht, das ich dir in der Nacht rezitierte:

> *yes, yes en mal inglés*
> *piano, piano en italiano*
> *yo te quiero, yo te amo*
> *te lo digo en castellano*

Ich danke Ninfa, dass ich sie lieben darf, damit will ich mich begnügen, nicht fragen, was kommen wird, denn ich habe die Farbe ihrer Augen und den Gesang ihrer Sprache gewonnen. Kaum aber ist dieser Satz geschrieben, lehnt mein Herz sich auf: ¡Ámame! – Liebe mich! Denn ich lechze nach deiner Liebe... Dennoch will ich dich nicht haben, Ninfa, ich will dich nicht besitzen, kann und will dich niemandem wegnehmen. Du kannst mir nicht gehören, aber nimm dir von mir, was zu dir gehört. Du musst mich nicht lieben, aber beweg dein Herz. Ich will nur ein paar exklusive Anteile von dir, das ist alles. Schenke mir nur ein Prozent von dir, ein Prozent deiner Zeit, ein Prozent deiner Gefühle! Antworte nicht mit einem

Nein, denn das könnte mich töten. Wenn du mich umbringen wolltest, wüsstest du jetzt, wie es ginge. Aber wisse, wenn Liebende auch fallen, die Liebe fällt nicht.

Wir tanzten uns in den Morgen, schliefen kurz und träumten schön; ein kleines Frühstück noch, ein langer Abschiedskuss. Werde ich sie wiedersehen? Ja, ich bin süchtig nach Ninfa und ihren Augen und ihrem schönen venezolanischen Sprachgesang. Schon morgen werde ich die Flüge nach Caracas checken.

Siehst du, Ninfa, ich sagte dir, dass *El tatuaje de Ninfa* (Ninfas Tätowierung) ein großartiger Titel für eine Erzählung wäre, und nun habe ich sie selbst geschrieben, *mi amiga venezolana*, denn Worte haben nur Sinn, wenn sie von schönen Augen aufgelesen werden. Wie glücklich du sein musst, Ninfa, so zu heißen und so auszusehen!

Gut, aber das Geheimnis von Ninfas Tätowierung verrate ich euch nicht.

Sehnsucht nach Sackelhausen

Nein, ich wurde nicht in Sackelhausen geboren, ich wohnte auch nie in diesem Dorf. Und dennoch verbindet mich etwas mit Sackelhausen oder *Sacklas*, wie meine Oma sagte, als sie mit soviel Wärme von ihrem Geburtsort sprach. Ich war noch ein Kindergartenkind als ich an der Hand meiner Großmutter zum ersten Mal ins Dorf kam. Jedes Jahr an Allerheiligen fuhren wir, meine Oma und ich, mit dem Zug von Hatzfeld nach Sackelhausen. Zuerst gingen wir zu Verwandten, dann zum Friedhof. Etwas vibrierte in mir damals, dort, und dann immer wieder, wenn meine Oma mir von Sackelhausen erzählte, von ihren Eltern und Geschwistern, von unseren Vorfahren, die vor langer Zeit – im 18. Jahrhundert – ins Banat, nach Sackelhausen, gekommen waren. Ich erfuhr, dass während 200 Jahren mehrere Generationen in Sackelhausen das Licht der Welt erblickten, dort lebten, arbeiteten und auch starben.

Ich erinnere mich mit Sehnsucht an diese schönen Tage, als der Herbst Sackelhausen in Besitz genommen hatte: Wir schreiten schweigend auf einem Teppich von bunten Blättern. Müde, wie ein geflüstertes Klagen schleicht sich der Wind durch die Straßen, als ob er seufzen würde. Die weichen und goldenen Strahlen der Sonne erzeugen eine zauberhafte, geheimnisvolle Atmosphäre. In geheimen Kammern meiner Seele versteckte Saiten werden berührt und erklingen. Ich bin eins mit der mich umgebenden Natur. Auf dem Friedhof sehe ich die Gräber, spüre ich die Vorfahren bei jedem Schritt. Ich lege mich ins

Gras daneben und schaue zum Himmel hoch, bis ich mich im Unendlichen verliere.

Mein Sackelhausen ist nicht nur ein Tropfen Zeit in der Erinnerung; dieses Dorf, das vielen Generationen vor mir Heimat und Schicksal war, ist für mich wie ein Ruf aus der Ferne, ein Versprechen jenseits von Raum und Zeit. Ja, ich sehne mich nach Sackelhausen, diesem Banater Dorf meines Herzens. Und ich stehe dazu.

Rückspiegel

Begegnungen zwischen Wirklichkeit und Möglichkeit, zweiter Absatz

Sendlinger Anzeiger, 62. Jg., Nr. 07 (17.02.2010): S. 5, München

L'heure bleue | 13. Februar 1991

Mein Rumänien. Revolution & Poesie. S. 129, Norderstedt: Books on Demand, 2008.

Schneeglöckchen, nun sprieße! | 15. Februar 1991

Coburger Tageblatt, Ausg. 28.02.1991: S. 19, Coburg.

Chantal H. wurde am 15. Februar 1991, während der Irak-Invasion zur »Befreiung Kuwaits« (*Operation Desert Storm* – Unternehmen Wüstensturm) im Rahmen des so genannten Zweiten Golfkrieges, geboren. Bei Angriffen auf zivile Ziele kamen auch viele Kinder ums Leben.

Wüstensturm | 3. März 1991

Mein Rumänien. Revolution & Poesie. S. 128, Norderstedt: Books on Demand, 2008.

Der Zweite Golfkrieg endete am 28. Februar 1991. Am 30. März 2003 begann – aus wirtschaftlichen Interessen – ein neuer Angriffskrieg der USA und einer »Koalition der Willigen« gegen den Irak, der das Land in Chaos und Terror versinken ließ.

Daher die Tränen | 13. August 1993

Frankfurter Bibliothek 2009. Jahrbuch für das Neue Gedicht I,16, Gedicht und Gesellschaft 2009. S. 117, Frankfurt a. M.: Brentano-Gesellschaft, 2009.

Geschildert werden die Gedanken und Empfindungen einer jungen Frau, nachdem sie ihr Baby verlor. Da das Gedicht auf einer realen Situation basiert, kann es durch diese Inspiration die absolute Trost- und Hoffnungslosigkeit, die real vorherrschte, transportieren und nachvollziehbar machen. Die Münchner Buchhandlung Hugendubel erkor dieses traurig-schöne Gedicht am 14. Juli 2008 zum *Gedicht des Tages*.

Du bist die eine | 15. Mai 1990

Heimatblatt Hatzfeld, Nr. 6 (1999): S. 8, Spaichingen.

Das Gedicht entstand beim ersten Besuch des Autors in der westrumänischen Stadt Jimbolia (dt. Hatzfeld) nach der Revolution vom Dezember 1989.

Sommernacht | 30. August 1993

Mein Rumänien. Revolution & Poesie. S. 128, Norderstedt: Books on Demand, 2008.

Havanna | 3. Mai 2005

Oliven mattes Grün. Gedichte. S. 94, Berlin: Edition Dorante, 2009.

Träumende Tonspur. Lyrischer Lorbeer 2014. S. 102, Bielefeld: Lorbeer, 2014.

Das auch durch seine äußere Form überzeugende Gedicht charakterisiert eine Karibikreise, in der sich eine Liebe anbahnt, die am Ende in ein Versprechen mündet. Mit der Nennung konkreter Örtlichkeiten wird der Aufenthalt in Havanna atmosphärisch und authentisch eingefangen. Die Bildsprache vermittelt das besondere kubanische Lebensgefühl und nicht zuletzt auch die Liebe des Autors zu der Stadt.
Lorbeer-Verlag, 23. September 2014

Das weckt Sehnsüchte, nach Havana Club, Zigarren, Hemingway, alte, marode Häuser, Autostradas ohne Autos, bizarr pastellfarben angemalte Oldtimer, viel Musik und Tanz und ganz viel Lebensfreude – trotz widrigster Lebensumstände. Daran erinnert dieses Gedicht. Könnte man eigentlich schon fast ein Lied draus machen. Vielleicht keinen Salsa, aber einen Son montuno. *Julia Fargg, BoD Autorenpool, 14. Februar 2008*

Jenseits der Träume | 11. Januar 2009

Frankfurter Bibliothek 2010. Jahrbuch für das Neue Gedicht I,19, Das Ungesagte. S. 501, Frankfurt a. M.: Brentano-Gesellschaft, 2010.
Lyrischer Lorbeer 2013. S. 19, Bielefeld: Lorbeer, 2013.

Atmosphärisch fängt das Gedicht den Wechsel von Sommer auf Herbst ein und schildert die Sehnsucht den Sommer zu halten, wachzurufen, und seine Farben für einen Moment zurückzuholen. Dieser Wunsch wird eng mit einer Beziehung zu einem anderen Menschen verknüpft. Das aufgeforderte Du, soll noch einmal die Malven durch ein sanftes Lächeln erblühen lassen, die Farben des Sommers zurückgeben und für das lyrische Ich tanzen, bevor es die Sonne untergehen lässt. Die Sommergefühle stehen dabei metaphorisch auch für eine beschriebene Paarbeziehung, die möglicherweise an der Schwelle zum Lebensherbst steht und in deren Träume es (auch im übertragenen Sinne) zu regnen begonnen hat. Die gewählten lyrischen Bilder sind sinnlich und zugänglich. Die erste Strophe riecht zudem ein wenig nach Sommerurlaub bzw. verfliegenden Urlaubserinnerungen, die sich wie das davonstehende Meer und das schmelzende Licht des Südens im niederfallenden Herbstreif verflüchtigen, der die Rückkehr in den heimatlichen Herbst der zweiten Strophe vorbereitet. Das Gedicht muss also nicht unbedingt metaphorisch für die Paarebene interpretiert werden, sondern kann auch einfach nur sommerliche Abschiedswehmut darstellen. Klanglich ist das Gedicht ausgewogen und Begriffe wie Herbstreif und Malven sind besonders hübsch.

Lorbeer-Verlag, 16. September 2013

Mit *Jenseits der Träume* tritt Detemple den Beweis an, dass auch in moderner Form ein erhebender Kern stecken kann. Die freien Rhythmen lassen ein Lesen nach der Gemütslage des Lesers zu. Das Unmögliche, das Absurde wird Wirklichkeit und glänzt in wunderbaren sprachlichen Bildern. In der Mitte des Gedichts liegt ein Spiegel, der das vorher Gesagte aus einer anderen Perspektive wieder aufgreift und steigert. Der Schluss entrückt in eine andere Zeit, lässt aber alles offen; er ist sicher fatalistisch-pessimistisch, ein Trauern um nicht verwirklichte Träume, deutet aber auch die Sehnsucht nach einem neuen Tag an.

Nikolaus Horn, 2. Dezember 2009

Léocadie | 22. März 2009
Lyrischer Lorbeer 2011. S. 61, Bielefeld: Lorbeer, 2011.

In diesem Liebesgedicht, dem eine besondere Aura anhaftet, wird der Zauber der Léocadie geschildert. Die Tiefe dieser bedingungslosen Liebe wird im Bild der offenen Wunde in der dritten Strophe zum Ausdruck gebracht, in welcher der Autor bereits sein Buch des würdevollen Scheiterns aufschlägt. Zukunft ist bereits Erinnerung. Denn nichts anderes bleibt.

Was war | 11. April 2009

Frankfurter Bibliothek 2011. Jahrbuch für das Neue Gedicht I,24, Die Illusion. S. 1002-1003, Frankfurt a. M.: Brentano-Gesellschaft, 2011.

Haderun Nachrichten, 1. Jg., Nr. 2 (2011): S. 4, München.

Lyrischer Lorbeer 2012. S. 92, Bielefeld: Lorbeer, 2012.

Ausgehend von der Lektion, die uns der Philosoph Friedrich Nietzsche erteilt hat, indem er postulierte, man lebe nicht für die Zukunft, sondern »damit uns eine Vergangenheit bleibt«, hebt Detemple den Wert des Vergangenen nahezu ins Absolute. Der Autor fordert deutlich dazu auf, uns lachend von der Zukunft zu trennen, denn sie sei nur Illusion, die in Auflösung begriffen sei. Aber welches wäre dann die Perspektive? Schaut man genauer hin, ist auch die Gegenwart wichtig, denn es zählt auch »was ist«. Detemple lässt dadurch Nuancen zu, die durchaus zu einem anderen Ausgang führen können, denn, wie ebenfalls Nietzsche bekannte: »Es gibt so viele Morgenröten, die noch nicht geleuchtet haben.« Mit seinem Gedicht *Was war* befriedigt Detemple nicht nur ästhetische

Bedürfnisse, sondern regt die Leser zum Nachdenken über die eigene Vergangenheit und – warum nicht – Zukunft an. Aufgeworfen wird nämlich nichts Geringeres als die Frage nach dem Sinn des Lebens.
Anubis, Haderun Nachrichten, April 2011

Das philosophisch angehauchte, harmonische Gedicht thematisiert Vergangenheit und Vergänglichkeit. Geschildert wird dabei ein Loslassen von Zukunftsvisionen und Träumen. Es geht darum, sich der Gegenwart zu stellen und sich des Vergangenen bewusst zu werden. Im Bild der Endlichkeit der Sterne spiegelt sich die menschliche Existenz. Leben bedeutet notwendigerweise eine Zunahme von Vergangenheit und eine Zukunft, die zunehmend verfällt. Das ist einer der Leitgedanken des Gedichts. Im Bild des verfallenden Tempels der Zeit, der vom lyrischen Ich angesteckt und niedergebrannt wird, kommt dieses Motiv zum Ausdruck. Sprachlich gelingt es, diese Gedanken in unverbrauchte Bilder zu hüllen.
Lorbeer-Verlag, 4. September 2012

Der Weg | 28. März 2010

Heimatblatt Hatzfeld, Nr. 18 (2011): S. 155, Spaichingen.

Alle Träume sind längst verflogen. Es ist dunkel und kalt, die Zeit erstarrt, bleiern. Ausweglosigkeit macht sich breit. Und auf die letzte Frage, ob es noch einen Weg zurück gibt, keine Antwort mehr. Nur Schweigen…

Mit ihren Worten | 1991

Neue Presse, Ausg. 08.05.1991, Coburg.

Der Autor las diesen »hymnischen Prosatext auf seine Mutter und die Mutter schlechthin«, der »nicht nur weibliche Zuhörer bis zu den Tränen rührte« am 24. Februar 2008 beim *Literarischen Nachmittag* in Reutlingen.
 Stefan Teppert, Sackelhausener Heimatblatt, März 2008

Eine »Hommage an alle selbstlos liebenden Mütter«.
 Dietlinde Besch, Banater Post, 20. März 2008

Ninfas Tätowierung | 2002

Reisen in ein anderes Leben. S. 127-128, Berlin: Edition Dorante, 2011.

Sehnsucht nach Sackelhausen | 2012

Banater Post, 57. Jg., Nr. 23-24 (15.12.2013): S. 12, München.

Sackelhausener Heimatblatt, 34. Jg. (2014), Nr. 34: S. 76, Reutlingen.

—ldv

Mit »Blaue Stunden« tritt Uwe Detemple den Beweis an, dass auch in moderner Form ein erhebender Kern stecken kann. Das Unmögliche, das Absurde wird Wirklichkeit und glänzt in wunderbaren sprachlichen Bildern. Vergänglichkeit und Hoffnung verdichten sich, alles Trennende ist aufgehoben. Am Ende aber bleibt nur die Erkenntnis: Eine Vergangenheit zu haben ist für das Überleben Grund genug. Diese lyrischen Spaziergänge durch die Zeit werden zu Begegnungen zwischen Wirklichkeit und Möglichkeit, die trotz aller Fatalität dünne Strahlen von Optimismus zulassen.

www.uwedetemple.com

Parkinson
kinderleicht erklärt

Papa hat Parkinson

Gerhard Schumann

Gerhard Schumann

Papa hat Parkinson

Parkinson kinderleicht erklärt

Bibliografische Information der Deutschen Nationalbibliothek:
Die Deutsche Nationalbibliothek verzeichnet diese Publikation
in der Deutschen Nationalbibliografie; detaillierte bibliografische Daten sind im Internet über http://dnb.dnb.de abrufbar.

© 2019 Gerhard Schumann

Co-Autor: Moritz Schumann

Herstellung und Verlag:

BoD – Books on Demand, Norderstedt

ISBN: 978-3-7322-4717-2

Auch als eBook erhältlich

Dieses Buch gehört

_____

_____

Inhalt

Einleitung

Wie funktioniert das Gehirn?

Woher kommt der Name Parkinson Krankheit?

Was ist die Parkinson Krankheit?

Was kann sich alles verändern?

Muss ich mir Sorgen um Papa machen?

Kann ich Papa helfen?

Meine Fragen und Ängste!

Einleitung

Liebe_ _____!

Ich möchte mich Dir gerne zuerst kurz vorstellen.

Mein Name ist Gerhard.

Ich wohne in München, das ist eine Stadt in Bayern. Vielleicht hast Du schon einmal von dem "Oktoberfest" gehört. Das ist das größte Volksfest der Welt und findet einmal im Jahr statt.

Ganz in der Nähe wohne ich.

Ich lebe mit einer Frau zusammen. Ihr Name ist Monika und wir sind verheiratet. Und ich habe drei Kinder. Sebastian, Florian und Moritz.

Als mein Arzt feststellte, dass ich die Krankheit Parkinson habe, waren meine Söhne 4, 13 und 16 Jahre alt. Vielleicht liegst Du, bezogen auf Dein Alter, irgendwo dazwischen.

Du kannst Dir bestimmt vorstellen, dass Sebastian, Florian und Moritz ziemlich erschrocken waren, als ich ihnen von meiner Krankheit berichtete.

"Ich habe jetzt Parkinson und man kann mich nicht heilen. Ich werde nicht mehr gesund, auch wenn ich Tabletten nehme!"

Wahrscheinlich ging es Dir auch so, als Du erfahren hast, dass Dein Papa diese Krankheit hat.

Vielleicht sind Dir ja auch in der letzten Zeit Veränderungen an Deinem Papa aufgefallen, die Du Dir nicht erklären konntest.

In diesem Buch werde ich Dir erklären, was passieren kann, wenn jemand die Krankheit Parkinson hat. Und ich möchte Dir auch aufzeigen, warum Du keine Angst vor der Krankheit haben musst.

Inzwischen lebe ich seit 10 Jahren mit der Parkinson Krankheit und kann noch immer sehr viel mit meiner Familie und meinen Freunden unternehmen. Manche Dinge fallen mir inzwischen schon etwas schwerer, das muss ich offen zugeben. Aber im Großen und Ganzen führen wir immer noch ein ganz normales Leben. Ebenso wie viele andere Familien auch, bei denen der Papa nicht an Parkinson erkrankt ist.

Ich hoffe, dass es mir gelingt, Dir mit meinem Buch Fragen zu beantworten, die Dich beschäftigen. Denn ich möchte Dir gerne helfen, auch weiterhin viele schöne Momente mit Deinem Papa zu erleben.

Ganz herzliche Grüße auch von Monika, Sebastian, Florian und Moritz.

Dein

Gerhard

Wie funktioniert das Gehirn?

Um zu verstehen, was passiert, wenn man an Parkinson erkrankt ist, möchte ich Dir zuerst erklären, wie das Gehirn funktioniert.

Wie Du sicherlich weißt, ist das Gehirn in unserem Kopf. Es ist ein sehr wichtiges und auch empfindliches Organ. Darum ist es durch stabile Knochen geschützt. Den Kopf nennt man auch Schädel und die Knochen Schädelknochen. Zwischen dem Gehirn und den Schädelknochen befindet sich noch zusätzlich ringsherum Wasser. Das funktioniert wie eine Art Stoßdämpfer, um Stöße abzufedern.

Weil das Gehirn ein so wichtiges Organ ist, müssen Motorradfahrer auch einen Helm tragen. Beim Ski- und Radfahren tragen viele Menschen auch einen Helm, um ihren Kopf und das Gehirn zu schützen.

Das Gehirn ist unglaublich kompliziert und übernimmt ganz viele wichtige Aufgaben in unserem Körper. Ärzte unterteilen das Gehirn daher in vier Bereiche.

Diese Bereiche sind: das Großhirn, das Kleinhirn, das Stammhirn und das Zwischenhirn. Das musst Du Dir aber nicht unbedingt merken.

Jeder dieser vier Bereiche übernimmt spezielle Aufgaben.

Zum Beispiel das Steuern der Sprache, das Sehen und Hören, und auch unsere Bewegungen. Ja sogar für die Gefühle ist in jedem Gehirn ein besonderer Platz vorgesehen. Manche Bereiche kann man trainieren, wie zum Bespiel das Gedächtnis. Andere funktionieren ganz von alleine. So schlägt unser Herz, ohne dass wir darüber nachdenken müssen. Und auch unsere Lunge funktioniert sozusagen automatisch auf diese Art. Sogar wenn wir schlafen.

Außerdem ist das Gehirn in zwei Hälften unterteilt. Die linke und die rechte Gehirnhälfte. Die linke Hälfte unseres Gehirns steuert im Wesentlichen die rechte Seite unseres Körpers. Und die rechte Seite unseres Gehirns, steuert unsere linke Körperhälfte.

Sehr schlaue Menschen haben sehr lange gebraucht, um das alles heraus zu finden. Trotzdem weiß man noch immer nicht ganz genau, wie das Gehirn bis in die letzten Ecken und Winkel arbeitet. Aber vielleicht bist Du es, der irgendwann, die versteckten Geheimnisse des Gehirns erforscht!

So wie ein Auto Benzin braucht, um fahren zu können, so brauchen auch Deine Muskeln Energie, um zu arbeiten. Und auch Dein Gehirn benötigt Energie, um richtig zu funktionieren. Wir

Menschen nehmen diese Energie über die Nahrung auf.

Unser Gehirn ist also die Schaltzentrale, oder das Zentrum für alle lebenswichtigen Dinge, die in unserem Körper passieren.

<u>Ein Beispiel:</u>

Angenommen Du bist unachtsam und kommst mit Deinem Finger an einen Topf, der noch sehr heiß ist.

Was wird passieren?

Du erschrickst und ziehst Deinen Finger automatisch zurück. Dein Gehirn passt auf Dich auf. Es möchte ja nicht, dass sich Dein Finger an dem Topf verbrennt und Du Dich verletzt.

Doch wie genau funktioniert das nun, dass Dein Gehirn Dich beschützt?

Die Haut an Deinem Finger, besser gesagt die Nervenzellen darin, erhalten eine Information:

"Oh, hier ist es aber sehr heiß!"

Diese Nachricht senden sie an das Gehirn. Ununterbrochen werden so laufend Informationen zwischen Deinem Gehirn und Deinem Körper ausgetauscht.

Das merken wir gar nicht immer.

Landet aber nun in Deinem Gehirn eine Information, dass etwas gefährliches passieren könnte, schlägt es sofort Alarm:

"Achtung! Achtung! Soeben wurde gemeldet, dass sich der Finger auf einem heißen Topf zubewegt. Es besteht Verletzungsgefahr! Die Muskeln in diesem Bereich sollen sich sofort bewegen und den Finger von der Stelle entfernen!"

Schwups reagieren die Muskeln:

"Hier sprechen die Muskeln! Wir haben den Finger in Sicherheit gebracht!"

...so ungefähr zumindest.

Der ganze Körper ist also mit Nervenbahnen durchzogen, die ununterbrochen Informationen in rasender Geschwindigkeit mit dem Gehirn austauschen.

Zwischen Muskeln in Armen und Beinen, den Organen in Deinem Körper, wie zum Beispiel dem Herz, der Leber, aber auch Augen und Ohren tauschen laufend neue Nachrichten miteinander aus.

Die Nervenbahnen in unserem Körper kann man mit den Straßen um uns herum sehr gut vergleichen.

Es gibt Autobahnen, Landstraßen und auch 30er-Zonen. Es fahren Busse,

LKW´s, natürlich auch Autos und vieles mehr.

Nur transportiert unser Körper über diese Nervenbahnen keine Waren, wie zum Beispiel ein Lastwagen, der Mineralwasser in ein Geschäft liefert, sondern Informationen.

Und die Busse, Lastwagen, Autos und so weiter, nennen die Mediziner "Botenstoffe".

Du kannst Dir sicher vorstellen, dass sich in unserem Körper so einiges abspielt. So wie auf den richtigen Straßen um uns herum.

Aber ein gesunder Körper und ein gesundes Gehirn bekommt das hin, ohne dass es einen Stau gibt.

Sollte es doch einmal vorkommen, dass sich ein Stau bildet, schafft es unser Gehirn sehr oft von ganz alleine, einen neuen Weg zu erkunden. Und sogar neue Straßen zu bauen.

Manchmal klappt das leider aber nicht so ganz und da kann es eben vorkommen, dass wir krank werden.

Und um herauszufinden, was nun den Stau verursacht hat, ober warum die Lastwagen oder Autos nicht mehr die nötigen Informationen an die richtige Stelle hinbringen, gibt es Ärzte.

Außerdem gibt es sehr komplizierte Maschinen, die den Medizinern bei der Suche nach dem Stau helfen.

Und sehr oft können die Ärzte dann dabei helfen, dass in Zukunft keine Staus, oder keine so großen Staus mehr entstehen.

Woher kommt der Name Parkinson Krankheit?

James Parkinson war ein Arzt, der von 1755 bis 1824 gelebt hat. Er hat die Krankheit als erster richtig erforscht und viel darüber aufgeschrieben.

Er dachte damals allerdings, dass die Krankheit so etwas wie eine Lähmung sei und bezeichnete die Erkrankung daher selbst als "Schüttel-Lähmung".

Heute hat man erkannt, dass die Veränderungen nichts mit einer Lähmung zu tun haben.

Obwohl James Parkinson mit dem was er herausgefunden hatte nicht ganz richtig lag, wurde später dennoch zu seinen Ehren die Krankheit nach ihm benannt.

Vielleicht hast Du auch schon einmal von der Alzheimer Krankheit gehört. Da war es auch so, dass die Krankheit den

Namen von dem, sagen wir mal, "Entdecker", Alois Alzheimer, bekommen hat.

Um die Menschen auf der Welt daran zu erinnern, dass es die Parkinson Krankheit gibt, findet jedes Jahr, am 11. April, der "Welt-Parkinson-Tag" statt.

An diesem ganz besonderen Tag erklären Forscher bei ganz vielen Veranstaltungen, was sie neues herausgefunden haben.

Außerdem wird versucht, Spenden, also Geld, zu sammeln, um damit die Forscher bei ihrer Arbeit zu unterstützen.

Was ist die Parkinson Krankheit?

Der Arzt James Parkinson hat also schon vor etwa 180 Jahren Menschen untersucht, die sich auffällig bewegten. Er beobachtete bei den Patienten, dass sie zum Beispiel zitterten, oder sich nur schlecht und langsam bewegen konnten.

Forscher haben ausgerechnet, dass ungefähr 500.000 Menschen in Deutschland die Parkinson Erkrankung haben. Manche wissen das schon, also haben eine Diagnose, andere nicht. Manche sind noch eher jung, so um die 40 Jahre und viele sind schon 60 oder 70 Jahre.

Außerdem denken Forscher, dass in der Zukunft einer von ungefähr 180 Menschen irgendwann an Parkinson erkranken wird.

In vielen Fällen dauert es oft einige Jahre, bis jemand überhaupt merkt, dass er an Parkinson erkrankt ist.

Der Grund dafür ist, dass die Krankheit normalerweise ganz langsam voranschreitet. Das bedeutet, man merkt gar nichts von einer Erkrankung und fühlt sich vollkommen gesund. Irgendwann treten dann aber doch die ersten Krankheitszeichen auf.

Es ist aber sehr schwer für die Ärzte, die Krankheit am Anfang zu erkennen. Wenn man eine Erkältung hat, läuft einem die Nase und man hat Husten. Das kann der Arzt leicht erkennen.

Bei der Parkinson Erkrankung können sehr viele unterschiedliche Situationen auftreten. So denken manche, dass sie zum Beispiel nur zu viel gearbeitet haben und sie deshalb oft müde sind. Oder auch, dass sie zu lange im Büro gesessen sind und darum die Schultern und der Rücken weh tut.

Andere meinen vielleicht, sie haben sich beim Sport übernommen.

Oder man wird einfach älter und es fühlen sich darum die Gelenke wie "eingerostet" an. Es gibt ja eine Unmenge von Gründen, warum Bewegungen Schmerzen verursachen. Doch leider stellt sich auch immer wieder heraus, dass jemand an Parkinson erkrankt ist. So wie leider auch Dein Papa.

Parkinson gehört zu den sogenannten "chronischen Erkrankungen". Das bedeutet, dass die Krankheit im Normalfall nicht geheilt werden kann. Es gibt aber Medikamente, die gegen die Krankheit helfen. Dazu später mehr.

Wie genau die Krankheit entsteht und was der Grund dafür ist, dass manche Menschen erkranken und andere nicht, konnte man bis heute noch nicht herausfinden.

Man weiß aber ganz genau, dass die Krankheit nicht ansteckend ist. Es ist also absolut ungefährlich deinem Papa die Hand zu geben, oder auch mit ihm zu schmusen.

Eine Ansteckung, also Übertragung der Krankheit von Deinem Papa auf Dich ist ausgeschlossen. Eben ganz anders als bei einer Erkältung.

Die Ärzte und Forscher gehen davon aus, dass es sich um keine Erbkrankheit handelt.

Du brauchst also keine Angst davor zu haben, auch irgendwann die Parkinson Erkrankung zu bekommen.

Wer nun vom Arzt die Diagnose Parkinson erhält, hat also eine Krankheit in seinem Gehirn, die bis heute nicht geheilt werden kann.

Das ist natürlich nicht toll.

Aber ich möchte Dir noch einmal ganz deutlich sagen, dass Parkinson eine Krankheit ist, die sich normalerweise ganz langsam entwickelt.

Und im Gegensatz zu anderen Krankheiten, muss man nicht daran sterben.

Wir haben ja bereits erfahren, dass es viele Bereiche im Gehirn gibt.

Ein Bereich davon steuert unsere Bewegungen. Und dieser Bereich ist sozusagen krank.

Vielleicht weist Du ja schon, dass der menschliche Körper aus sehr, sehr vielen, winzig kleinen Zellen besteht. Und es ist ganz normal, dass Zellen im menschlichen Körper absterben. Das ist bei jedem so.

Manche Zellen erneuern sich automatisch und manche nicht. Wenn Du dich zum Beispiel gekratzt hast und blutest, produziert Dein Körper Zellen für die Haut, dass die Wunde wieder heilt. So erneuert sich der Körper im Laufe des Lebens teilweise immer wieder.

Wenn man älter wird, geht das immer langsamer mit der Zellerneuerung. Auch das ist ganz normal.

In einem speziellen Bereich im Gehirn erneuern sich die Zellen jedoch nicht und sterben schneller ab, als das eigentlich sein sollte.

So wird es immer schwieriger für das Gehirn, die Bewegungen des Körpers zu steuern.

Und das nennt man dann "Parkinson Krankheit".

Was kann sich alles verändern?

Jeder Mensch verändert sich im Laufe seines Lebens. Man wächst und wird größer. Man lernt Dinge hinzu und vergisst anderes wieder.

Zum Beispiel lernst Du in der Schule das Schreiben. Das ist am Anfang sehr anstrengend für Dich. Wenn Du älter bist und viel Übung hast, fällt es Dir leicht und kannst schnell schreiben, ohne groß darüber nachzudenken.

Wenn Du schreibst, muss Dein Gehirn ziemlich viel arbeiten. Das passiert, ohne dass Du das richtig merkst.

Dein Gehirn muss ja nicht nur die Buchstaben in der richtigen Reihenfolge zusammen setzen, um das Wort zu bilden, sondern auch eine ganze Menge Muskeln bewegen. Und diese kleinen Bewegungen, wie sie eben bei dem Schreiben erforderlich sind, nennt man auch die Feinmotorik.

So kann es vorkommen, dass Dein Papa irgendwann nur noch sehr langsam schreiben kann.

Oft kann man die Schrift dann auch nicht mehr gut lesen, weil sie sehr klein und vielleicht auch krakelig, also unleserlich ist. Möglich ist auch, dass eine Hand oder beide Hände irgendwann zu zittern beginnen.

Viele Menschen mit der Parkinson Krankheit können sich irgendwann nicht mehr so lange konzentrieren und sind schneller müde. Und vielleicht fällt Dir auch eines Tages auf, dass die Stimme von Deinem Papa leiser geworden ist und seine Bewegungen irgendwie langsamer sind. Häufig bemerkt man das beim Gehen.

Möglicherweise bemerkst Du auch bei Gelegenheit, dass Dein Papa ernster schaut als früher und nicht mehr so oft lacht. Das bedeutet aber nicht, dass er Dich nicht mehr lieb hat!

Jeder Mensch muss über 40 Muskeln in seinem Gesicht bewegen, um zu lachen. Und wir wissen ja jetzt, dass das Gehirn das eventuell eines Tages nicht mehr so gut hinbekommt. Mach Dir also keine Sorgen, wenn Dir das auffällt. Das hat bestimmt nichts mit Dir zu tun.

Es gibt sehr viele unterschiedliche Dinge, die sich nach und nach bemerkbar machen können, wenn die Zellen im Gehirn nicht mehr so richtig arbeiten können.

Und weil es so viele unterschiedliche Möglichen gibt, wie sich die Krankheit entwickeln kann, nennt man sie auch "Die Krankheit der 1000 Gesichter".

Bei jedem Parkinson Patient entwickelt sich die Krankheit anders und was ganz wichtig ist:

Nicht jeder der die Parkinson Krankheit hat, zeigt irgendwann alle Einschränkungen.

Außerdem hat man bereits sehr viel geforscht und kennt sich mit der Krankheit ziemlich gut aus.

Und darum gibt es sehr viele unterschiedliche und gute Medikamente die helfen, die Krankheit über eine lange Zeit gut unter Kontrolle zu halten.

Meist muss man im Laufe der Zeit mehrmals am Tag Tabletten nehmen, um das Gehirn mit den fehlenden Stoffen zu versorgen. Aber daran gewöhnt sich Dein Papa normalerweise ganz schnell.

Sehr viel später, also nach vielen Jahren, könnte es sein, dass die Tabletten nicht mehr ganz gut helfen.

Wenn das der Fall ist, gibt es aber noch andere Möglichkeiten, um die Krankheit zu kontrollieren. Das wird aber erst sehr viel später der Fall sein. Vielleicht auch erst in 10 bis 20 Jahren.

Und bis dahin haben die Forscher wahrscheinlich schon ganz neue Ideen und Möglichkeiten, wie man die Krankheit noch besser behandeln kann.

Zum Schluss des Kapitels möchte ich Dir noch sagen, dass Menschen, die an Parkinson erkrankt sind, nicht automatisch dumm oder vergesslich werden.

Auch wenn Du vielleicht manchmal den Eindruck hast, Dein Papa abwesend oder zurückgezogen wirkt, so liegt das, wie Du ja nun weist, meistens nur an der Mimik (dem Gesichtsausdruck).

Und wie Du helfen kannst, erkläre ich Dir später noch.

Muss ich mir Sorgen um Papa machen?

Es ist eine ganz normale menschliche Reaktion, dass man sich Sorgen um Menschen macht, wenn man erfährt, dass sie krank sind. Und das ganz besonders, wenn man diesen Menschen sehr lieb hat und sie einem sehr nahe stehen, ebenso wie Dein Papa.

Vielleicht waren Deine Eltern, Deine Großeltern, oder jemand anderes, den Du sehr gerne magst, schon einmal krank und mussten vielleicht sogar deswegen einige Zeit in ein Krankenhaus. Dann weist Du ja bereits wie es sich anfühlt, wenn man sich um jemanden Sorgen macht.

Es ist aber nicht so, dass Parkinson eine dieser Krankheiten ist, bei der man sich ganz viele Sorgen machen muss.

Wer erfährt, dass er die Parkinson Krankheit hat, ist natürlich erst einmal sehr traurig. Denn jeder von uns wünscht sich lange zu leben und dabei möglichst gesund zu bleiben. Die meisten Menschen freuen sich nämlich darauf, später, wenn sie nicht mehr arbeiten müssen und in Rente sind, mit ihren Enkelkindern zu spielen und vielleicht die eine und andere Reise zu unternehmen.

Dass Dein Papa wegen seiner Erkrankung höchstwahrscheinlich nun Tabletten nehmen muss, habe ich Dir ja schon erklärt. Damit diese Tabletten möglichst gut helfen, muss man manchmal auch für eine bestimmte Zeit in ein Krankenhaus gehen, um sich darauf "einstellen" zu lassen.

Dieses "einstellen" tut aber nicht weh. Die Ärzte testen dabei nur verschiedene Arten von Tabletten und versuchen eben dadurch herauszufinden, was die Besten für Deinen Papa sind.

Außerdem bieten diese speziellen Krankenhäuser sehr gute Sport- und Bewegungsprogramme an, damit er lange stark und beweglich bleibt, oder wieder wird. Also auch wenn Dein Papa dann für einige Zeit in so einer Klinik ist, wird er gut versorgt und wieder fit gemacht, damit er mit Dir noch viele schöne Momente teilen kann.

Menschen die an Parkinson erkrankt sind, verändern sich im Laufe der Zeit meist schneller, als gesunde Menschen. Das bedeutet, dass sie wahrscheinlich langsamer, unbeweglicher oder einfach ein bisschen schneller müde werden. Sie können aber genauso alt wie gesunde Menschen werden.

So gesehen musst Du also keine Angst haben, Deinen Papa nun schnell zu verlieren.

Kann ich Papa helfen?

Oh ja, Du kannst Deinem Papa sogar sehr viel helfen und dabei selbst auch sehr viel Spaß dabei haben.

Als erstes einmal habe ich Dir ja schon gesagt, dass Parkinson eine Krankheit ist, bei der Du Dich nicht anstecken kannst. Somit brauchst Du auch keine Vorsichtsmaßnahmen ergreifen, wenn Du Deinen Papa drückst, oder mit ihm kuschelst. Auch ein Kuss ist überhaupt nicht gefährlich. Du kannst also genau das gleiche mit Deinem Papa machen, wie zu der Zeit, als er noch nicht wusste, dass er an Parkinson erkrankt ist.

Dass es jedem Menschen gut tut zu fühlen, dass er geliebt wird, ist natürlich vollkommen klar. Das geht Dir ja bestimmt auch so. Aber es gibt noch viele weitere Dinge, die Du mit und für Deinen Papa machen kannst.

Wie Du ja bereits erfahren hast, geht es Menschen durch die Parkinson Erkrankung ja nicht sofort von heute auf morgen sehr schlecht. Denn die Krankheit "schleicht", oder man kann auch sagen, sie "kriecht" ja meist ganz langsam voran. Somit kann man sich auch ganz gut auf die Veränderungen einstellen und sich dann rechtzeitig schlau machen, welche Übungen Deinem Papa dann besonders gut tun.

Ich möchte Dir nun einige Beispiele nennen, welche Veränderungen in den nächsten Monaten und Jahren auftreten könnten und was man dagegen machen kann. Das sind aber nur Beispiele.

Und Du weist ja bereits: "Parkinson ist die Krankheit der 1000 Gesichter." Nicht jeder Erkrankte hat alle Veränderungen.

Los geht's!

Die Stimme:

Die Stimme kann leise und undeutlich werden.

Übung:

Lass Dir von Deinem Papa möglichst oft laut vorlesen.

Besonders hilfreich und lustig ist es, wenn er dabei seine Stimme verstellt.

Zum Beispiel spricht er als Bär sehr tief und langsam und als Maus ganz hell und schnell.

Hast Du auch eine Idee, wie sich die Stimme von Tieren nachmachen lässt?

Die Mimik:

Der Gesichtsausdruck (also die Mimik) verändert sich nur wenig oder selten und wirkt wie eingefroren.

<u>Übung:</u>

Schneidet gemeinsam Grimassen, bis einer lachen muss.

Zum Beispiel bei dem Zitronengesicht spitzt man die Lippen und zieht die Augen fest zusammen, als ob man in eine Zitrone gebissen hätte.

Oder den Löwen machen:

Die Augen und den Mund weit öffnet und die Zunge dabei ganz weit her aus streckt.

So als würde man ganz laut brüllen.

Fallen Dir noch weitere Grimassen ein?

Die Finger:

Das Greifen fällt schwerer, zum Beispiel, wenn an das Kleingeld aus Geldbeutel nehmen möchte.

<u>Übung:</u>

Mit Wäscheklammern kleine Papierkugeln greifen und in ein Gefäß fallen lassen, wie mit einem Bagger.

Das kann man super um die Wette spielen.

Oder einen Turm aus Kleingeld bauen.

Dabei immer die Finger wechseln:

Daumen – Zeigefinger

Daumen – Mittelfinger

Daumen –Ringfinger

Daumen -kleiner Finger

Kennst Du weitere Fingerspiele?

Das Gehen:

Die Schritte werden kleiner, das Gefühl für das Gleichgewicht nimmt ab.

<u>Übung:</u>

Versucht gemeinsam den typischen Gang von Tieren nachzumachen.

Ein Elefant macht große Schritte und plumpst den Fuß.

Ihr könnt auch schleichen wie ein Tiger auf der Jagd.

Oder auf einem Bein stehen, wie ein Flamingo.

Aber Vorsicht! Lieber festhalten bevor Ihr umfallt.

Welche Tiere haben noch eine auffällige und spannende Art zu gehen?

Große Bewegungen:

Die Bewegungen werden kleiner und wirken steif.

<u>Übung:</u>

Mit Hilfe von Armen und Beinen das A-B-C darstellen und daraus Wörter bilden und erraten.

Vielleicht könnt Ihr auch gemeinsam Yoga oder Taiji machen.

Auch beim Ball werfen kann man toll üben.

Zum Beispiel mit beiden Händen den Ball greifen und werfen wie ein Fußballspieler an der Seitenlinie.

Dann dasselbe rückwärts und so weiter.

Wer von Euch kann höher und weiter werfen?

Gehirnsport:

Auch wenn das Gehirn kein Muskel ist, solltet Ihr es gemeinsam trainieren, um möglichst lange fit zu bleiben.

Du machst das in der Schule, beim Vokabeln lernen zum Beispiel. Oder wenn Du etwas auswendig lernen musst.

<u>Übung:</u>

Sehr viel Spaß bringt das Spiel: "Ich packe meinen Koffer".

Man sagt den Satz:

"Ich packe meinen Koffer und nehme mit..." und nennt dann einen Gegenstand. Zum Beispiel Zahnbürste.

Der nächte Spieler wiederholt:

"Ich packe meinen Koffer und nehme mit die Zahnbürste..." und nennt einen weiteren Gegenstand und so weiter.

Hilfreich ist auch das auswendig lernen von Telefonnummern und Adressen.

Vielleicht möchte man ja mal jemandem eine Postkarte senden und hat das Adressbuch nicht dabei?

Auch Memory ist ein tolles Spiel.

Kennst Du es?

<u>Meine Fragen und Ängste!</u>

Ich habe Dir hier einige Seiten Platz gelassen, damit Du etwas aufschreiben kannst.

Es gibt bestimmt noch Fragen, die Dich besonders interessieren.

Oder Du machst Dir noch Sorgen.

Vielleicht traust Du Dich auch gerade nicht, Deine Fragen zu stellen.

Dann kannst Du es in das Buch schreiben, um es nicht zu vergessen.

Und natürlich kannst Du auch ganz besonders schöne und tolle Erlebnisse aufschreiben.

Ganz wie Du möchtest.

Was ich noch wissen möchte:

_____

_____

_____

_____

_____

_____

_____

_____

_____

_____

_____

_____

_____

__Was mich gerade bedrückt:__

_____

_____

_____

_____

_____

_____

_____

_____

_____

_____

_____

_____

_____

_____

Was mir aufgefallen ist:

Was ich mich gerade nicht zu fragen traue:

_____

_____

_____

_____

_____

_____

_____

_____

_____

_____

_____

_____

_____

_____

_____

Was besonders lustig war:

_____

_____

_____

_____

_____

_____

_____

_____

_____

_____

_____

_____

_____

_____

Was ich nicht vergessen möchte:

Platz für dies und das:

Der Autor

Gerhard Schumann
1967 in München geboren, verheiratet, drei Söhne. Mit 42 Jahren erhielt er die Diagnose Parkinson.
Der erfolgreiche Autor setzt sich seit Jahren aktiv für die Belange und die Toleranz gegenüber anderen an Parkinson erkrankten Menschen ein.

Kontaktmöglichkeit:
buero-schumann@web.de

Bücher von Gerhard Schumann:

Taschenbücher:

Parkinson Leben mit der Pechkrankheit
ISBN: 978-3-7386-1180-9

Das Parkinson Buch von A - Z
ISBN: 978-3-7412-8423-6

Papa hat Parkinson
Parkinson kinderleicht erklärt
ISBN: 978-3-7322-4717-2

Mama hat Parkinson
Parkinson kinderleicht erklärt
ISBN: 978-3-7481-9295-4

Opa hat Parkinson
Parkinson kinderleicht erklärt
ISBN: 978-3-7481-9275-6

Oma hat Parkinson
Parkinson kinderleicht erklärt
ISBN: 978-3-7481-9393-7

Reich und Berühmt werden
Autorin: Merri Ness / Co-Autor: G. Schumann,
ISBN: 978-3-7431-2771-5

E-Books:

Parkinson Leben mit der Pechkrankheit
ISBN: 978-3-7481-2844-1

Das Parkinsonbuch von A - Z
ISBN: 978-3-7481-2846-5

Papa hat Parkinson
Parkinson kinderleicht erklärt
ISBN:

Mama hat Parkinson
Parkinson kinderleicht erklärt
ISBN:

Opa hat Parkinson
Parkinson kinderleicht erklärt
ISBN:

Oma hat Parkinson
Parkinson kinderleicht erklärt
ISBN:

Walddorfer Brudertränen
ISBN: 978-3-7481-2792-5

Herr Hansen
ISBN: 978-3-7392-4539-3

Der Baum von Afrika
ISBN: 978-3-8370-3770-8

Bücher von Monika Wimmer-Schumann:

<u>E-Books:</u>

Der kleine Regenwurm Mino traut sich was
ISBN: 978-3-7481-0979-2

Der kleine Regenwurm Mino hilft dem Nikolaus
ISBN: 978-3-7481-1129-0